備えておきたい防災用品

最低限備えておきたい食品や生活用品をまとめています。
おうちの人と一緒に確認し，リュックサックなどに詰めて，いつでも持ち出せるようにしておきましょう。

- ✓ 水（1日2リットル，ひとり3日分）
- ✓ 食品（ひとり3日分）
  ― カップラーメンや缶詰，レトルト食品など
  ― あめやチョコレート，栄養補助食品
- ✓ 簡易トイレ
- ✓ 充電式などのラジオ
- ✓ 軍手，手袋
- ✓ カセットコンロ，ガスボンベ
- ✓ 懐中電灯
- ✓ ビニール袋
- ✓ 常備薬

- ✓ 予備の乾電池
- ✓ 食品包装用ラップ
- ✓ 携帯用カイロ
- ✓ 携帯電話の予備バッテリー
- ✓ 救急箱
- ✓ ライター
- ✓ ティッシュペーパー
- ✓ トイレットペーパー
- ✓ ウエットティッシュ
- ✓ 生理用品

→ コピーして使いましょう

いのちと
未来を守る
防災 ❶

〈監修〉鎌田和宏（帝京大学 教授）

Earthquakes

地震

学研

もくじ Contents

P.4 この本の構成	P.5 はじめに	P.6 日本で起きた地震	P.8 発生
P.16 地震が起きたら,どう行動する?	P.18 ② 一次災害	P.20 こんな災害が起こる! 〜一次災害〜	P.22 避難
P.28 ④ 二次災害	P.30 こんな災害が起こる! 〜二次災害〜	P.32 防災知識 火事から身を守るには?	P.33 防災知識 応急手当ての方法は?
P.38 ⑥ 復興へ	P.40 復興に向かって 被災地を助ける政治のはたらき 国の支援		P.42 復興に向かう人々、まち

地震 ①
Earthquakes

P.10 震がこるのはぜ?	P.12 ゆれはどのように伝わるの?	P.13 マグニチュードと震度って?	P.14 地震時の情報ネットワークとは?
P.24 家庭の防災 	P.25 学校の防災 	P.26 地域の防災 	
P.34 ⑤ 避難生活と支援 	P.36 避難所ってどんなところ?		いつ起こるかわからない自然災害に,どんなふうに備え,立ち向かっていくことができるか考えていこう
P.44 〈巻末資料❶〉 日本で起こった主な地震	P.45 〈巻末資料❷〉 最新地震対策レポート GPSで観測する 東海地震予測	P.46 全巻さくいん	

Protect Ourselves from Disasters

地震 ① この本の構成

この本では，日本で自然災害が実際にはどのように起こるのか，マンガによるフィクションキュメンタリーで示し，解説ページで深く理解できるように紹介していきます。

マンガ

①「発生」→ ②「一次災害」→ ③「避難」→ ④「二次災害」→ ⑤「避難生活と支援」→ ⑥「復興へ」と，自然災害に直面した主人公を中心に，リアルなストーリーで被災地のようすを伝えます。

自然災害は突然起こるよ
自分の周りで起きたらどうするか
想像しながら読んでいこう

自然災害の解説ページ

地震が起きるしくみや，地震が起きたときにどんな災害が起きるのかを，イラストや写真でわかりやすく解説します。

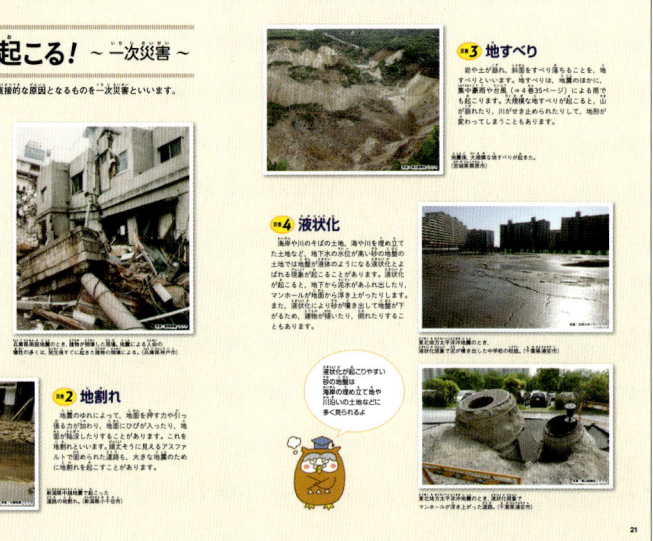

※マンガのシナリオは，過去の災害の記録や被災地の方への取材をもとに作成しています。　※すべての情報は，2015年12月現在のものです。

防災知識が身につくページ

災害時の身の守り方や、家庭や学校、地域などで行われている防災対策を、イラストや写真で紹介します。実際に災害が起きたときに役立ちます。

災害による被害をできるだけ少なくするよう、事前にじゅうぶんな対策を立てておこうとする「減災」の考えが注目されているよ

[はじめに] この本を読むみなさんへ

日々のニュースで自然災害の被害をよく耳にしますね。学校生活の中でも防災訓練が定期的に行われていますから、みなさんも災害に関心をもっていることでしょう。どのようにして災害は起こるのか、災害被害はどのようなものか、どうすれば被害から逃れられるのか知りたいと思っている人は多いことでしょう。

このシリーズでは地震・津波・噴火・台風・水害・豪雪などの自然災害が、どのようにして起きるのか、そこからどうやって逃れるかを、マンガによるフィクションキュメンタリーで紹介し、そこから災害の原因や被害の状況、防災の取り組みや復興のようすなどがわかりやすく調べられるようにしています。災害はだれもが経験しているわけではありませんから、どのようになるのか想像するのが難しいものです。そこで、フィクションキュメンタリーを手がかりに災害時のようすを想像すると、調べたいことが具体的になると思います。もくじはみなさんが知りたいと思う質問の形で示し、調べやすくしてありますので、是非もくじとさくいんを活用してください。

日本は「災害大国」というありがたくない別名をもっています。災害を避け・防ぐためにこの本で調べ、生きぬくための知恵を学んでほしいと思います。

鎌田和宏　帝京大学 教授

日本で起きた地震

東北地方太平洋沖地震をはじめ、大きな被害をもたらした地震は過去にもたくさん起きています。

❶ 東北地方太平洋沖地震（東日本大震災） M9.0
岩手県・宮城県・福島県・茨城県ほか／発生日：2011年3月11日

最大震度7を観測した地震。この地震により発生した巨大津波に飲まれた市街地。この巨大津波は東北地方と関東地方の太平洋沿岸部に壊滅的な被害をもたらした。（宮城県気仙沼市）写真：毎日新聞社／アフロ

❷ 新潟県中越沖地震 M6.8
新潟県・長野県ほか／発生日：2007年7月16日

路面崩壊した道路。最大震度6強を観測した地震。北陸自動車道では、路面湾曲が多く見られた。（新潟県柏崎市）
写真：ロイター／アフロ

❸ 十勝沖地震 M8.0
北海道十勝地方／発生日：2003年9月26日

マグニチュード8.0の地震が発生した2日後、長周期地震動が原因で発生した、油タンクの火災。（北海道苫小牧市）写真：ロイター／アフロ

4 兵庫県南部地震（阪神・淡路大震災） M7.3
兵庫県・大阪府・京都府ほか／発生日：1995年1月17日

最大震度7を観測した地震で、多くの火災が起きた市街。この地震は、戦後最大の都市型大災害といわれる。（兵庫県神戸市）
写真：AP／アフロ

5 能登半島地震
石川県／発生日：2007年3月25日

M6.9

路面崩壊により崩れ落ちた道路。最大震度6強を観測。（石川県七尾市）
写真：AP／アフロ

6 関東地震（関東大震災）
東京都・神奈川県ほか／発生日：1923年9月1日

M7.9

銀座商業地区の焼け跡。地震の発生時刻が昼食の時間帯と重なったことから、火災被害が多発した。（東京都中央区）
写真：Hiroshi Watanabe／アフロ

日本は地震多発国といわれているんだ このほかにも、過去にはたくさんの地震災害が記録されているよ

7 岩手・宮城内陸地震
岩手県・宮城県／発生日：2008年6月14日

M7.2

大規模な地すべりが起き、山が崩れた荒砥沢ダムの上流。（宮城県栗原市）
写真：読売新聞／アフロ

8 北海道東方沖地震
北海道釧路市／発生日：1994年10月4日

M8.2

地盤が崩れ、寸断された道路。最大震度6を観測。（北海道根室市）
写真：読売新聞／アフロ

キャーッ！

みんな！
落ち着いて！
机の下から
出ちゃだめよ！

同時刻　ゆうまの家

緊急地震速報が出ました

強いゆれに警戒してください

ゆうまの母

！

キャー！

地震が起こるのはなぜ？

地震によって地面が大きくゆれるのには、地球の活動のしくみが関係しています。

地球を覆うプレート

地球の表面は、十数枚の「プレート」という板のような岩盤で覆われています。その下には、ゆっくりと動いている「マントル」があり、地球の中心にはとても熱い「核」があります。プレートは、核の熱によって対流するマントルの影響を受け、1年に数cmずつ、決まった方向に動いています。そのときに、プレート間では少しずつひずみが生じており、長い年月がたつと限界がきて、プレートの一部が壊れます。その衝撃で地震が起こります。

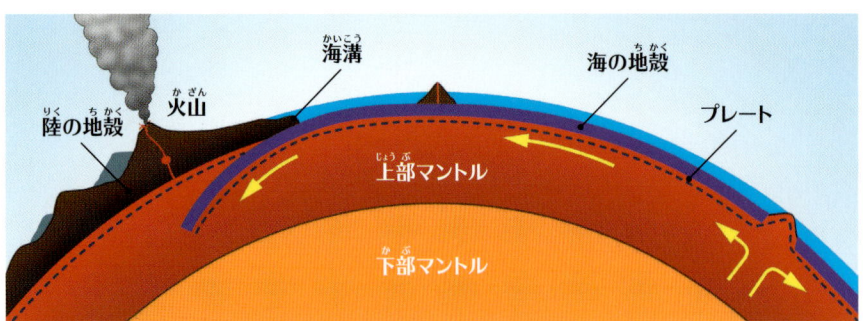

地球内部の構造

←地殻の下にあるのが「上部マントル」と「下部マントル」。地殻と上部マントルの一部分が、プレートとよばれる。マントルが核の熱で動いているため、上にあるプレートも一緒に動く。

地球上のプレートとプレートの境界

日本の周りのプレート

↑地球の表面は、いろいろな大きさや形のプレートに分かれている。上に陸地をのせている大陸プレートと、海をのせている海洋プレートとがある。互いに動いているため、プレートの境目は地震が発生しやすい。

→周辺に4つのプレートがある日本は、世界でも有数の地震発生地帯。太平洋プレートとフィリピン海プレートが、北アメリカプレートとユーラシアプレートの下に、1年に数cmくらいのゆっくりした速さで沈み込んでいる。

出典: 地震がわかる！(文部科学省)

プレート境界地震

海洋プレートと大陸プレートの境界付近にひずみがたまり、限界に達すると地震が起こる。

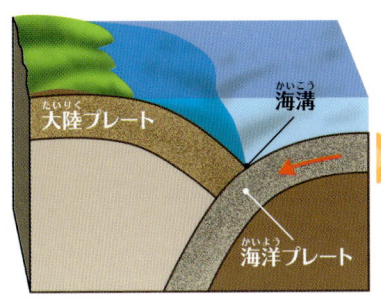
↑海洋プレートが1年で数cmくらいのスピードで大陸プレートの方向へ移動し、下に沈み込んでいく。

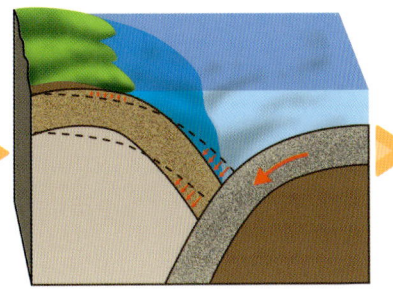
↑海洋プレートが移動するとき、大陸プレートを引きずり込むため、大陸プレートの先端部分にひずみがたまる。

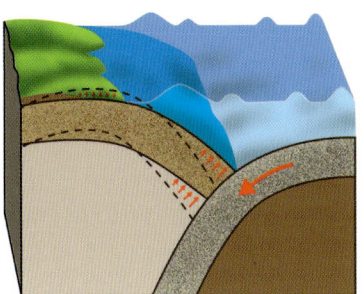
↑ひずみが限界に達すると、大陸プレートが元の状態に戻ろうとしてはね上がり、そのときの衝撃で地震が起こる。

プレート内の地震と内陸で起こる地震

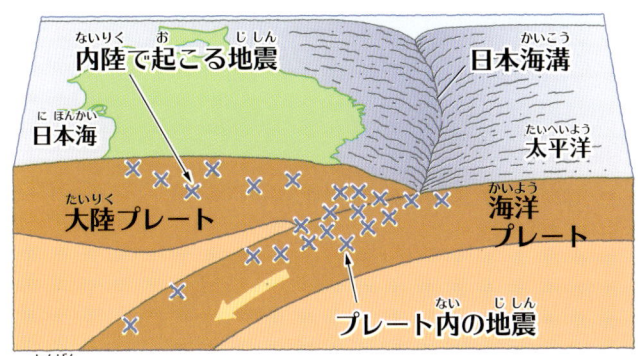
×震源

「プレート内の地震」は、プレートの移動によってプレートの内部にひずみがたまり、ずれが生じることで起こる。また、「内陸で起こる地震」は大陸プレートの浅い部分で発生し、大きな被害をもたらすことがある。活断層型地震ともいう。

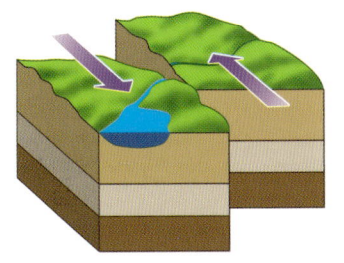
←内陸部にたまったひずみが解放されて地面がずれ、地震が起こる。地震によってずれた場所のことを断層という。図は、断層を境に、地盤が左右にずれる横ずれ断層。

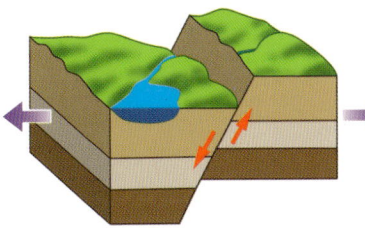
←正断層の図。地面が上下にずれる断層のうち、地面が両方に引っ張られるときにできる。

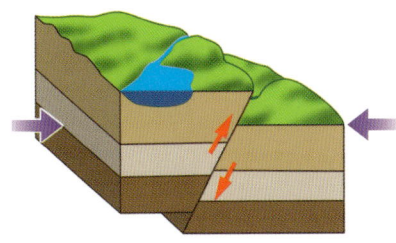
←逆断層の図。地面が上下にずれる断層のうち、地面が両方から押されるときにできる。

もっと知りたい！ 活断層は日本に約2000

断層のうち、過去に繰り返し動き、今後も地震を起こすと予想される断層を活断層とよびます。日本には約2000の活断層があるといわれています。

出典：日本の地震防災 活断層（文部科学省）

ゆれはどのように伝わるの？

地震のゆれには2つの種類があり、速く伝わるゆれと、あとから伝わるゆれとがあります。

ゆれは波のように伝わる

地震が発生した場所を震源といいます。地震のゆれは2種類の波になって、震源からあらゆる方向に広がっていきます。地震の規模やゆれの伝わり方には、震源からの距離や地盤によって違いがあります。

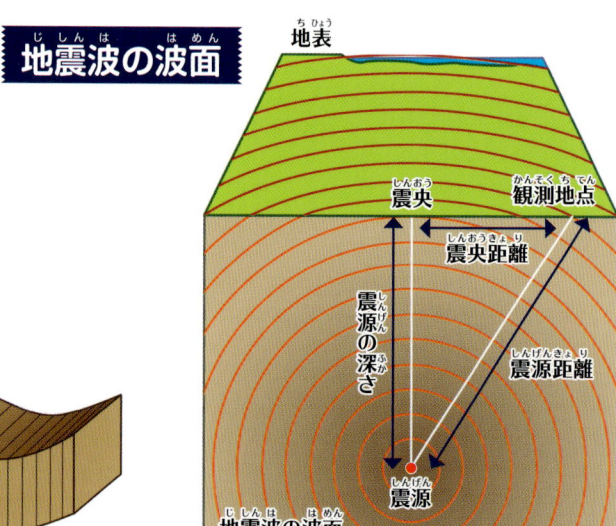

↑地震のゆれは、震源を中心に円が外側へ広がるように伝わる。震源の真上を震央、震央と観測地点を直線で結んだものを震源距離という。

P波

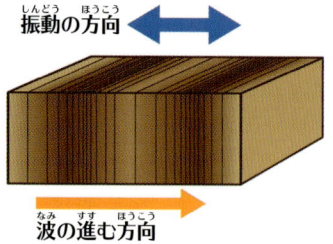

↑波が進む方向と、ゆれの向きが同じ。P波が到着すると、小刻みなゆれを感じる。

S波

↑波が進む方向に対して、垂直方向にゆれる。うねるような大きなゆれを起こす。

震源からの距離と地震のゆれが伝わる時間

地震のゆれが伝わるまでの時間は、震源からの距離と関係がある。震源から近い地点では、早くゆれを感じる。また、P波とS波とでは、P波のほうが先に伝わる。震源から遠い場所ほど、P波とS波が届く時間の差が大きくなる。

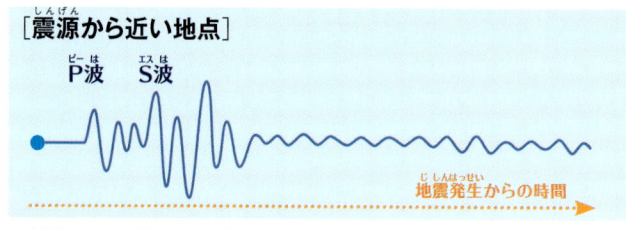

↑震源に近い場所では、P波が伝わってすぐに、S波が伝わる。

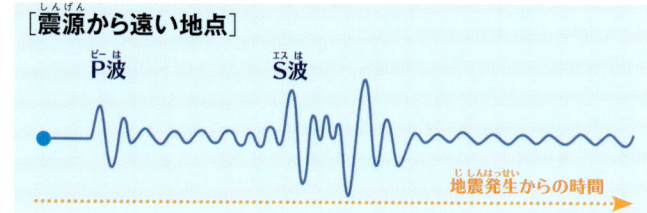

↑震源から遠くなると、P波が伝わったあと、S波が伝わるまで時間がかかる。

地盤の強さとゆれの大きさ

震源地からの距離が同じでも、ゆれの大きさに差が出ることがあります。たとえば、埋め立て地は地盤がやわらかいため、大きくゆれます。また、山間部に比べて海や川沿いの平野部はゆれが大きくなります。

キーワード　長周期地震動：大きな地震が発生したときに起こることがある、数秒から数十秒の周期のゆっくりしたゆれのこと。高い建物が大きくゆれる。

マグニチュードと震度って？

「マグニチュード」は「地震の規模」を，「震度」は「ゆれの大きさ」を表しています。

規模を表す「マグニチュード」

マグニチュードは地震そのものの規模を表す数字です。これに対して震度は，観測地点それぞれの，ゆれの大きさを表します。マグニチュードと震度の違いは，電球そのものの明るさと電球の周りの明るさとの関係にたとえられます。電球そのものの明るさ（マグニチュード）は同じでも，電球から離れた場所ほど暗くなり，大きな地震でも，震源から遠いほど震度は小さくなります。

10階級で表す「震度」

震度は人が生活する場所で計測され，各地域のゆれの強さを表すものです。ゆれの大きさは，震源からの距離や地盤によって決まります。日本では震度計という装置で計測し，10階級で表しています。

震源と人が感じるゆれの感覚

震度0

人はゆれを感じない。

震度1
屋内で静かにしている人のなかには，ゆれをわずかに感じる人もいる。

震度2

屋内で静かにしている人の大半が，ゆれを感じる。

震度3

屋内にいる人のほとんどが，ゆれを感じる。

震度4

ほとんどの人が驚く。電灯が大きくゆれ，足もとの不安定な置物が倒れたりすることがある。

震度5弱

大半の人が怖いと感じ，物につかまりたいと感じる。棚から物が落ちたり，不安定な家具は倒れたりもする。

震度5強

物につかまらないと，歩くことが難しい。棚から落ちる物が多くなり，固定していない家具が倒れることがある。

震度6弱

立っていることが難しくなる。窓ガラスが壊れることがある。ゆれに弱い木造の建物は，傾くことがある。

震度6強

はわないと動けない。飛ばされることもある。固定していない家具のほとんどが動き，倒れるものが多くなる。

震度7

ゆれに弱い木造の建物は，傾いたり倒れたりするものがさらに多くなる。ゆれに強い建物も，傾くことがある。

地震時の情報ネットワークとは？

地震により，最大震度5弱以上のゆれが予想されるときに
震度4以上のゆれを予想した地域には，緊急地震速報が流れます。

緊急地震速報はどうやって発表される？

地震のゆれは，P波とS波とがあり，S波はゆれが大きいものの，P波より遅れて伝わります。緊急地震速報は，この2種類の波の速さの違いを利用しています。地震が発生すると，陸地や海底に設置された地震計がP波を観測します。その情報を電気信号で気象庁に送り，震源の位置や地震の大きさ，各地にS波による本格的なゆれが到達する時刻などを推測し，報道機関などを通じて広く知らせます。

> S波による大きなゆれが到達する前に，事前にそれを知らせるしくみができているんだね

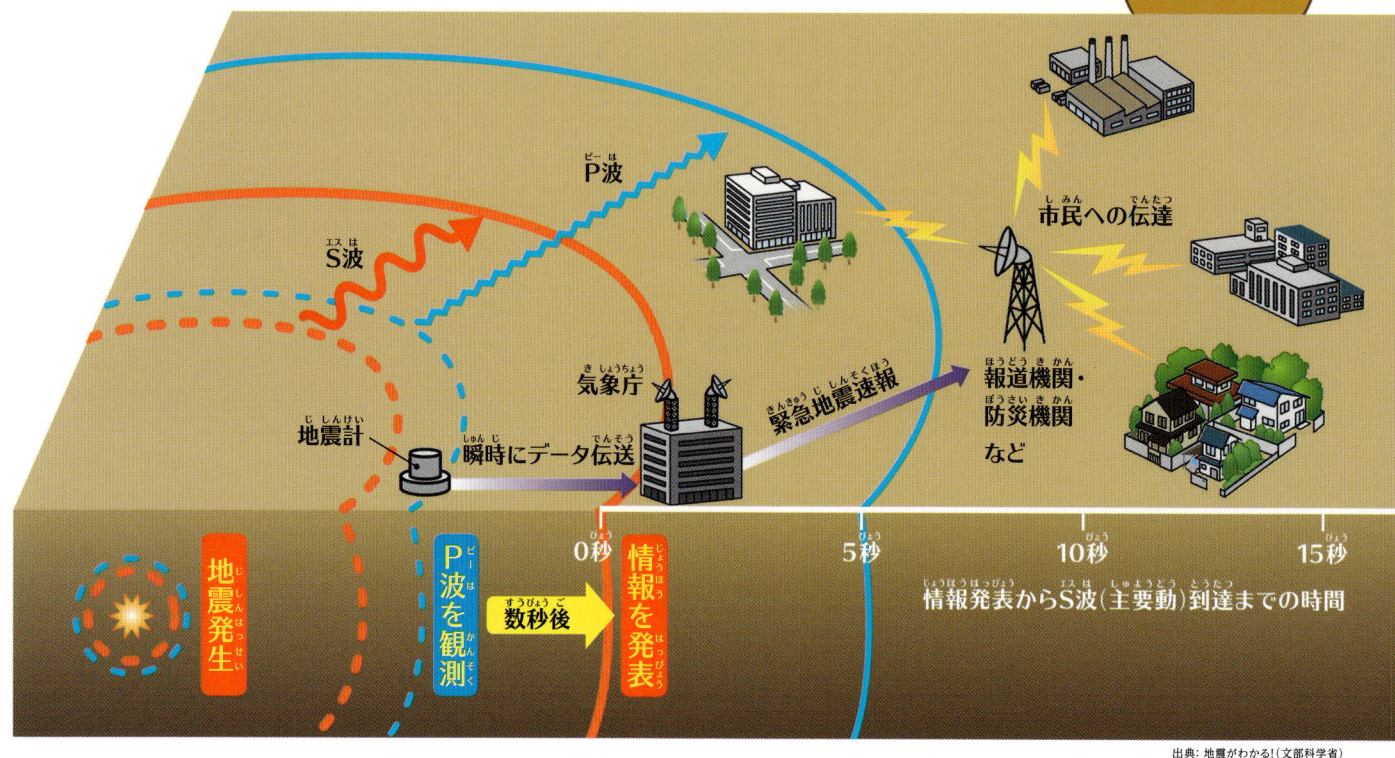

出典：地震がわかる！（文部科学省）

緊急地震速報をいち早く受信する

文部科学省では，全国の幼稚園と小・中・高校において，インターネットを利用した緊急地震速報システムの導入を進めています。ゆれが始まる少しでも前に，地震の発生を知ることができれば，避難に役立ちます。

専用の受信装置で気象庁の速報を受信し，校内放送で流すしくみ ➡

写真：株式会社センチュリー

キーワード　震度計：地震のゆれの強弱を測る機械。気象庁では各地に設置された震度計の情報を集めて発生時刻と震源地を割り出し，マグニチュードを算出する。

速報はどうやって伝わるの？

緊急地震速報は，交通機関や施設の館内放送，携帯電話，市町村の防災行政無線，ラジオ，テレビなどの報道機関を通じて伝えられます。速報が発信される際には，チャイム音とよばれる特殊な音が流れるため，誰もが内容をすぐに理解できます。なかでも，NHKが作成したチャイム音は，聴覚に障害のある人や高齢者にも聞こえやすい音になっており，多くの緊急地震速報で使われています。

◎テレビで

放送中の番組の画面に文字や音声を重ねて放送される。

◎ラジオで

（チャイム音2回♪♪）
緊急地震速報です。
強いゆれに
警戒してください。
○○県，○○県，
○○県…

放送中の番組やコマーシャルを中断し，チャイム音や音声で速報が発表される。

◎防災行政無線で

まちなかの防災行政無線を通じて，緊急地震速報を放送する。

◎携帯電話・スマートフォンで

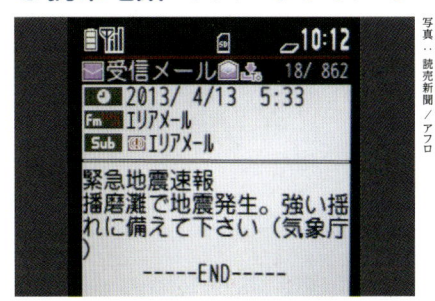

あらかじめ受信設定をしておくと，メールで速報が配信される。

地震に関するいろいろな情報

気象庁では，日本や日本周辺で地震が発生すると，さまざまな地震情報を発表します。主な種類として，震度速報，震源・震度に関する情報，各地の震度に関する情報，推計震度分布図，津波警報・注意報などがあります。こうした情報を見逃さないことが，安全への適切な対応につながります。

津波の発生が
心配されるときは
同時に津波警報や
注意報が発表されるよ

震度速報

←震度3以上の地震が観測された場合に発表。地震発生から1分半後に，震度3以上の地域名と，地震のゆれが現れた時刻が発表される。

震源・震度に関する情報

←震度3以上の地震が観測された場合などに発表。地震発生から約5分後程度に，震源の位置，地震の規模，大きなゆれを観測した市町村とその震度が発表される。

地震が起きたら，どう行動する？

地震から身を守るには，とっさの判断が大切です。普段からイメージしておきましょう。

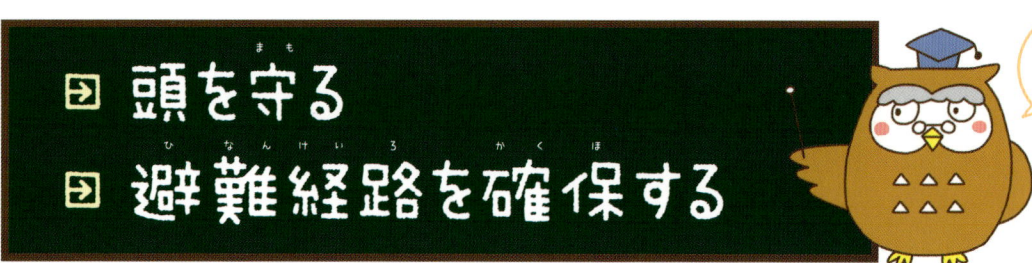

- 頭を守る
- 避難経路を確保する

ポイントは
この2つ！

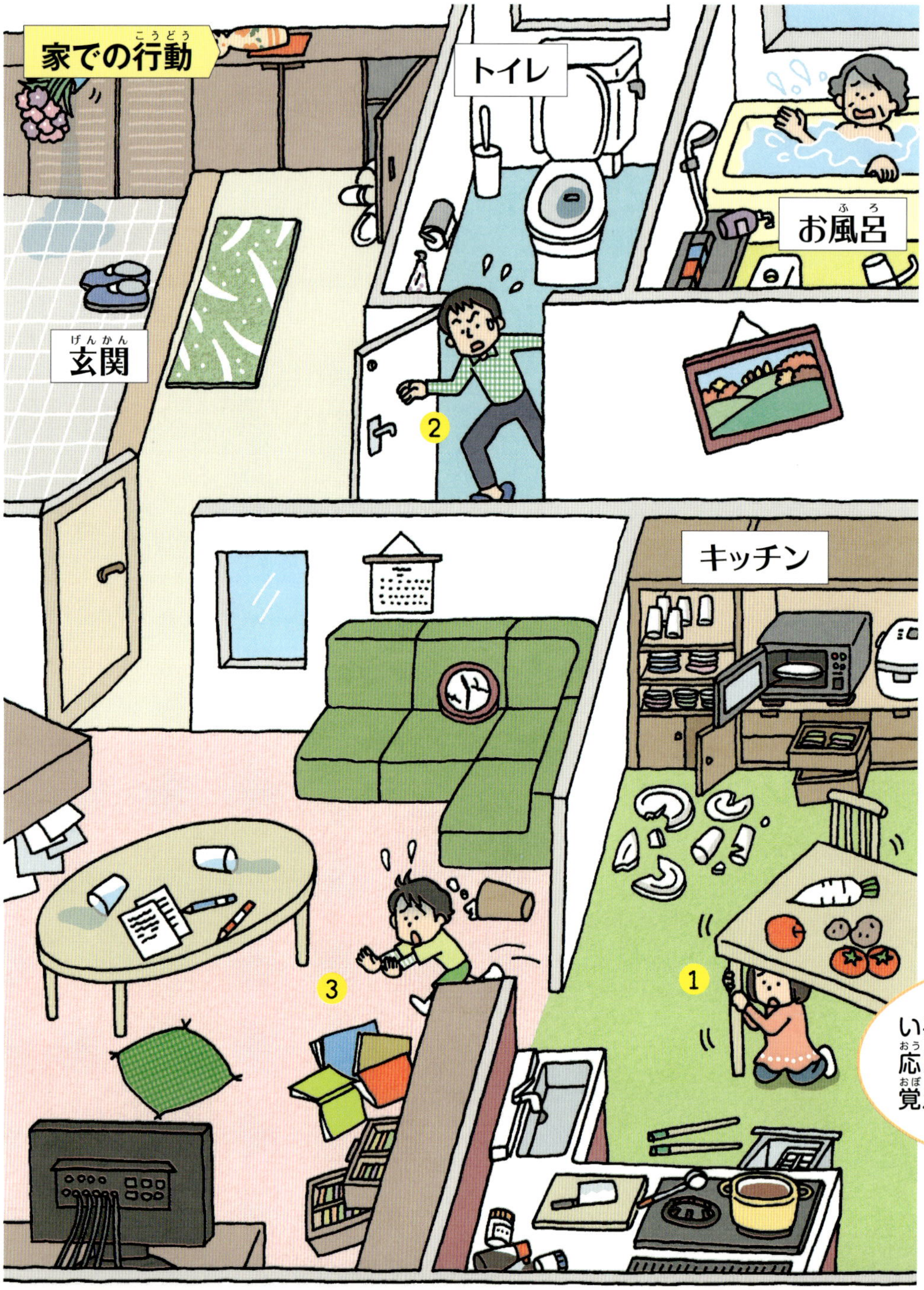
家での行動
トイレ
お風呂
玄関
キッチン
1
2
3

1 机の下に入る

室内にいるときは，割れやすい窓ガラスから離れ，机やテーブルの下に入り，座ぶとんやクッションで頭を守りましょう。

2 逃げるためにドアを開ける

ゆれによって建物が傾き，ドアが開かなくなることもあります。特にトイレやお風呂にいるときは，閉じ込められないように，ドアを開けて逃げ道を確保しましょう。

3 物が少ない部屋に逃げる

大きな家電や本棚，食器棚がある部屋は，物が飛び出したり落ちてきたりして，けがをするおそれがあります。物が少ない部屋に移りましょう。

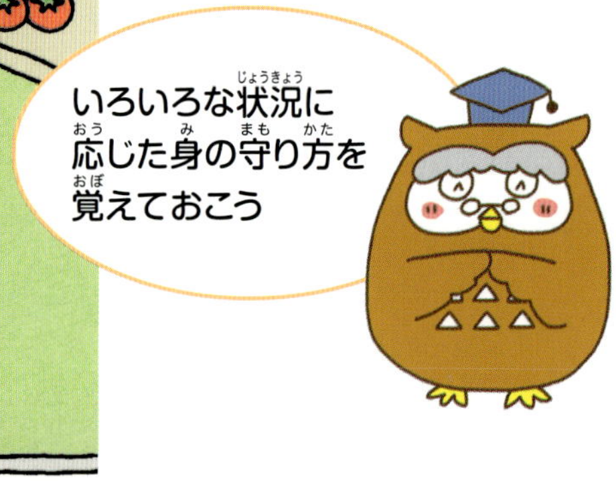
いろいろな状況に
応じた身の守り方を
覚えておこう

外での行動

1 建物から離れる
看板や割れた窓ガラスなどが落ちてくることがあります。ブロック塀やタイルも崩れるおそれがあるため、建物のそばに近づかないようにしましょう。

2 バッグや上着で頭を守る
物が落ちてきたり、遠くから飛んできたりすることもあるので、頭を保護します。できれば、丈夫な鉄筋コンクリートの建物の中や、広い公園などに移動しましょう。

3 電車に乗っていたら急停車に注意
電車は地震が起こると、急停車することがあるため、立っているときは手すりやつり革につかまりましょう。座っているときは、低い姿勢になって頭を守ります。避難の際には、係員の指示に従いましょう。

4 係員の指示に従う
デパートや映画館など人が大勢いる場所では、出口に大勢が集中すると危ないので、係員の誘導や館内アナウンスの指示に従って避難しましょう。

5 エレベーターは利用しない
地震が発生すると、エレベーターは自動停止します。エレベーターに閉じ込められてしまったら、すぐに非常呼び出しボタンを押して救助を待ちます。地震発生後は、エレベーターを使用しないようにしましょう。

防災クイズ

Q. この中で、地震のときにしてはいけない行動はどれでしょう。　［答え］☞ P.19

 A. すぐ外に出る　 B. ふとんに入る 　 C. 窓から離れる

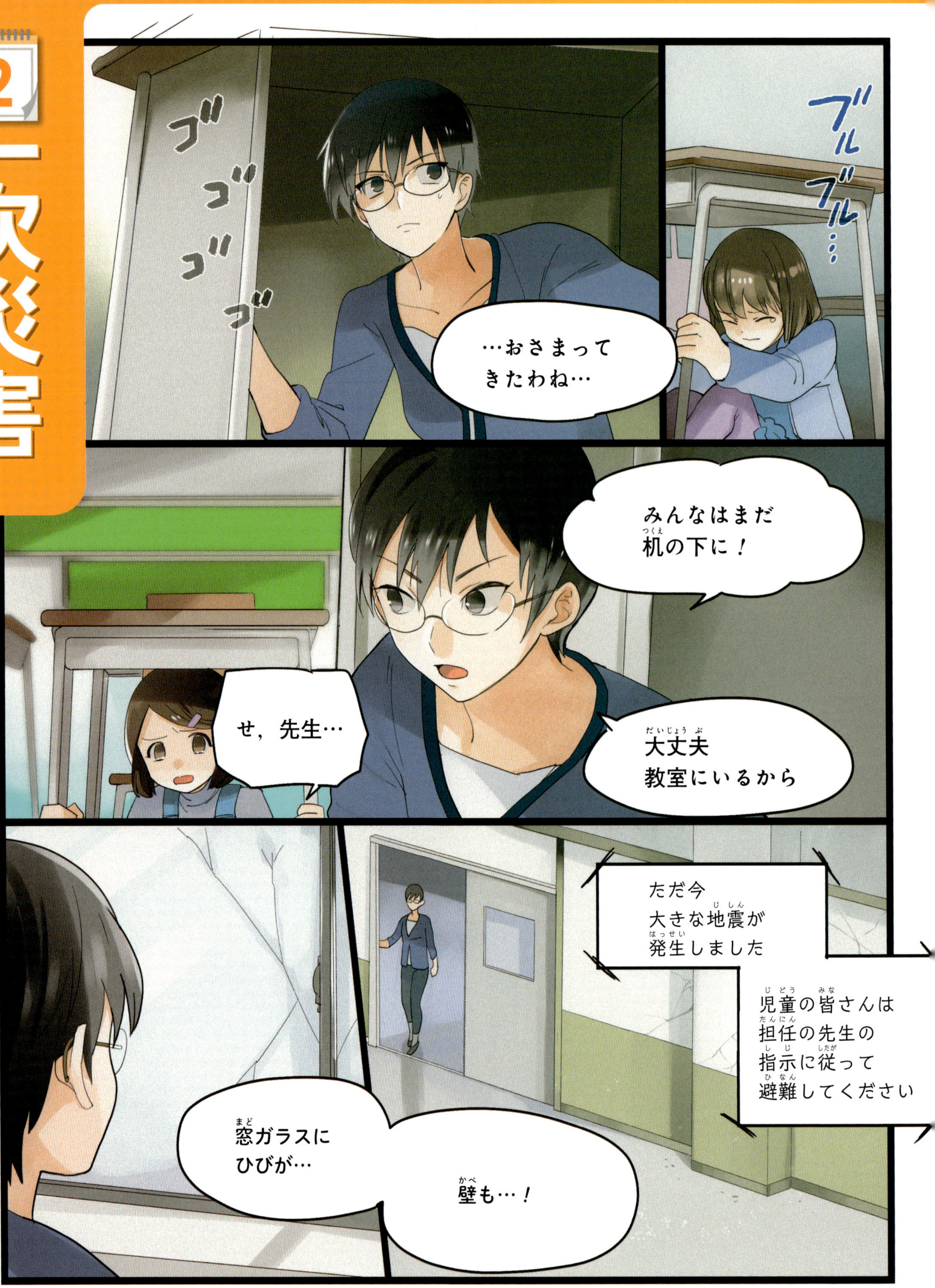

こんな災害が起こる！ 〜一次災害〜

地震によって起こる災害のうち，地震が直接的な原因となるものを一次災害といいます。

災害1　建物の倒壊

地震が起こって地面がゆれると，地面の上に建てられている建物は，大きくゆれます。それに耐えられなくなると，家やビル，橋などが傾いたり，倒壊したりします。

震度（⇒13ページ）が大きければ大きいほど，被害も広がります。木造建築の場合は，鉄筋コンクリート建築に比べてゆれに弱いことが多く，大地震が起こると大きな被害を受けます。

建物の倒壊を防ぐため日本では耐震工事が進んでいるよ

兵庫県南部地震のとき，建物が倒壊した現場。地震による人命の犠牲の多くは，発生後すぐに起きた建物の倒壊による。（兵庫県神戸市）

災害2　地割れ

地震のゆれによって，地面を押す力や引っ張る力が加わり，地面にひびが入ったり，地面が陥没したりすることがあります。これを地割れといいます。頑丈そうに見えるアスファルトで固められた道路も，大きな地震のために地割れを起こすことがあります。

新潟県中越地震で起こった道路の地割れ。（新潟県小千谷市）

災害3 地すべり

岩や土が崩れ、斜面をすべり落ちることを、地すべりといいます。地すべりは、地震のほかに、集中豪雨や台風（⇒4巻35ページ）による雨でも起こります。大規模な地すべりが起こると、山が崩れたり、川がせき止められたりして、地形が変わってしまうこともあります。

地震により、大規模な地すべりが起きた。（宮城県栗原市）

災害4 液状化

海岸や川のそばの土地、海や川を埋め立てた土地など、地下水の水位が高い砂の地盤の土地では地盤が液体のようになる液状化とよばれる現象が起こることがあります。液状化が起こると、地下から泥水があふれ出したり、マンホールが地面から浮き上がったりします。また、液状化により砂が噴き出して地盤が下がるため、建物が傾いたり、倒れたりすることもあります。

東北地方太平洋沖地震のとき、液状化現象で泥が噴き出した中学校の校庭。（千葉県浦安市）

液状化が起こりやすい砂の地盤は海岸の埋め立て地や川沿いの土地などに多く見られるよ

東北地方太平洋沖地震のとき、液状化現象でマンホールが浮き上がった道路。（千葉県浦安市）

家庭の防災

家庭防災会議を開いて次のことを決めよう！

家族が別々の場所にいるとき，地震が起きたらどうするか，相談しましょう。

1 連絡方法を決める

家族がお互いの無事を確認するための連絡手段や，連絡する親戚や知人などを決めておきましょう。万が一，電話や携帯電話が使えなくなったときのことも考えておきます。

NTT災害用伝言ダイヤル

▶ 伝言の録音・再生

災害用伝言ダイヤルは，電話がつながりにくいときに，家族や知人どうしが無事を確認するためのサービスです。「171」に電話をかけ，案内に従って操作をすると，自分のメッセージを残したり，相手のメッセージを聞いたりすることができます。伝言は，1回につき30秒以内で，1～10件残せます。保存期間は48時間です。

2 避難場所を確認

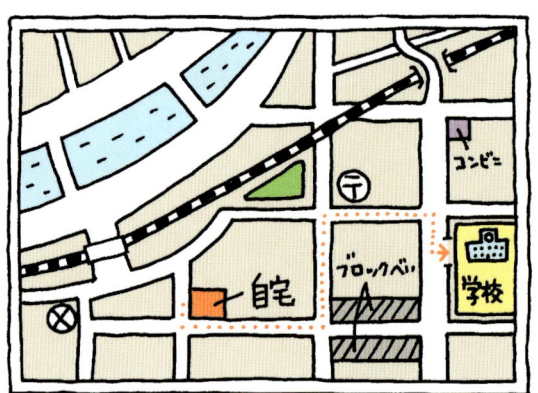

市町村の防災マップなどで近所の避難場所を確認し，どこで待ち合わせるかを決めておきます。できれば実際に行き，安全に避難できる道順も調べておきましょう。

3 家の中の備えを万全に

家具やテレビが倒れないように固定するか，倒れても危なくないところに移動しましょう。本棚や食器棚は，物が飛び出ないように工夫しましょう。

☞ 表紙を開いたところにある『備えておきたい防災用品』をチェックしよう

学校の防災

学校は、児童・生徒や地域の人々の安全を守るため、さまざまな備えをしています。

児童・生徒の安全を守る

いざというときに児童・生徒が迷わず行動できるよう、防災に関する授業や、避難訓練を行っています。避難訓練は、通常の教室だけでなく、プールや校庭、登校中に地震が起きた場合など、あらゆる場面を想定して行われます。緊急地震速報の報知音を使う学校もあります。また、災害時は電話がつながらないこともあるため、保護者への連絡方法や児童・生徒の帰宅方法について、あらかじめ保護者に知らせ、話し合うなどの対応が進められています。

❶避難訓練で防災頭巾をかぶって登下校する児童たち。
❷防災頭巾が児童一人ひとりの椅子にかけられている。❸校内各所にある消火器。各階に設置されている。いざというときのために、消火器の場所を確認しておくとよい。

非常口の誘導標識。廊下の壁や天井に設置されている。

地域の人の安全を守る

大きな災害が起こると、学校は地域住民の避難所となります。そのようなときは、先生たちが学校にとどまって、避難してくる住民を誘導します。そのため学校では最低限の食料と飲料水を備蓄しています。そのほか、停電や断水に備えて電池式のラジオや暖房機器、照明などやマンホールトイレが準備され、必要に応じて使えるようになっています。避難所をどのように運営するか、何をどれくらい備えておくかは、各地域の地域防災計画に基づいて決められます。

❹兵庫県西宮市の小学校の備蓄倉庫。津波が予想される地域では、浸水しないよう、高台や高層階に設置することも多い。❺火事が起こったときに、火や煙をさえぎるための防火扉。

地域の防災

大きな災害が起きたときは，地域一体となった取り組みが必要になります。

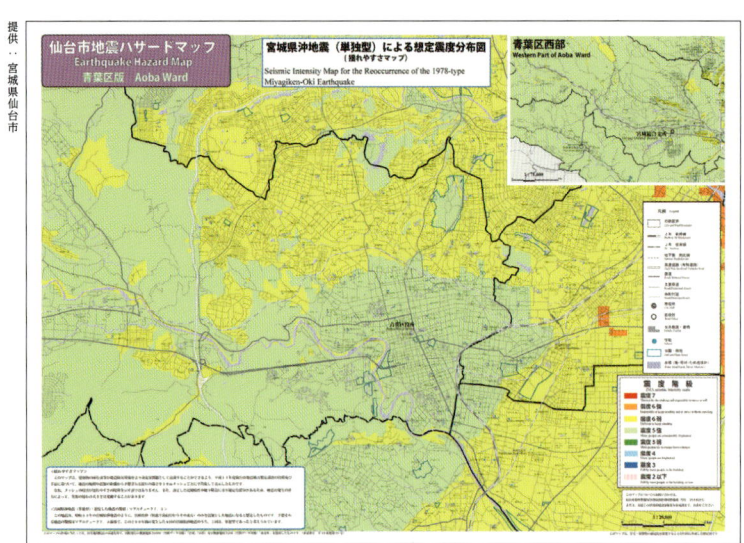

地震ハザードマップでは，ゆれやすさや地域の危険度，避難所の場所などがわかる。

地域防災計画の作成

地域防災計画とは，市民の生命や財産を災害から守るための対策を定めた計画です。日頃から取り組むべきことや，災害時の対応などが示されています。都道府県や各市町村の防災会議が，それぞれの地域の特徴を踏まえた防災計画を作成し，災害に強いまちづくりに取り組んでいます。その内容はさまざまで，たとえば，危険な場所を知らせるハザードマップの作成，防災訓練の実施，避難場所の整備などが挙げられます。ハザードマップは各市町村の役所で配布されていて，インターネットで見ることもできます。

静岡県で年に3回，地域住民の防災意識を高めるために発行している自主防災新聞。

提供：静岡県

避難訓練の実施

地震による被害を抑えるには，住民一人ひとりが身の安全を守り，すみやかに避難することが大事です。そのため，自治体や町内会では，住民参加型の防災訓練を行っています。避難のしかたをはじめ，安否を確認する方法，人を救助する訓練，応急手当てなど，いろいろ学べます。防災訓練に参加すると住民どうしのつながりが生まれ，災害時の助け合いにつながります。

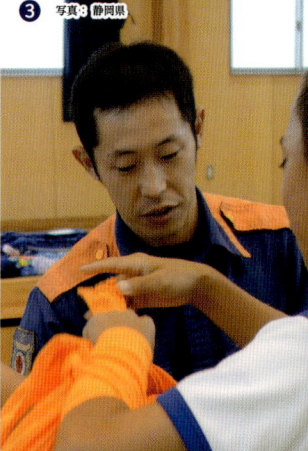

❶兵庫県相生市で行われた自主防災訓練にて，バケツリレーで火を消す参加者たち。❷消火器の使い方を体験する児童たち。❸消防隊からけがをした人の応急処置の方法について指導を受ける児童のようす。

避難場所の設置

各市町村では，避難勧告や避難指示が出たときの避難場所を定めています。避難場所の種類は，全部で3つあります。「一時避難場所」は，火災が起きたときや家が倒れたとき，一時的に避難する場所です。「広域避難場所」は，一時避難場所が危険になったとき，大人数を収容できる避難場所です。「収容避難場所」は，一定期間の避難生活を行う施設です。いずれも学校や公園，グラウンド，公共施設などが指定されます。行きやすい避難場所を確認しておくといいでしょう。

まちなかに設置された看板でも，近くの避難場所を確認できる。（東京都豊島区）

避難場所に指定されている小学校に設置されている避難場所の標識。（埼玉県川越市）

避難場所はこの絵表示が目印。

自主防災組織

大きな災害の直後は，さまざまな混乱が予想されるため，市町村などの対応だけでは，できることに限りがあります。そこで，町内会やマンションの管理組合など身近な地域の人々が右のように役割を分担し，住民どうしが助け合うしくみづくりを行っています。たとえば，住民用の簡易トイレや水を備蓄する，名簿を作成して高齢者など介助が必要な人を確認する，避難訓練を行う，などが挙げられます。過去の災害でも，こうした地域社会のつながりが大いに役に立ちました。

情報班
名簿を作成。災害時には安否確認を行ったり，被害の状況を伝えたりする。

消火班
火災の見回りをし，火災が起きているときは消火する。

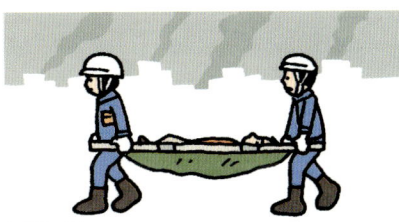
救助班
救助の態勢を整え，災害時の救助活動やけが人の応急処置などを行う。

衛生班
トイレやごみの処理など，住民の衛生状況を保つための取り組みを行う。

避難誘導班
避難経路や周囲の標識を点検。災害時は住民の避難を誘導する。

給食・給水班
備蓄してある水や食料を配布したり炊き出しを行ったりする。そのための道具を準備する。

こんな災害が起こる！ 〜二次災害〜

地震によって一次災害が起きたあと，それがもとになって起こるのが二次災害です。

兵庫県南部地震（阪神・淡路大震災）のとき，地震直後に発生した火災で，真っ黒な煙に覆われた市街地。木造住宅が密集した地域で，被害が集中した。（兵庫県神戸市）

災害1 火災

地震で倒れた家具などに電気機器や配線が接触したり，コンロの火が原因となったりして，火事が起こります。特に大都市のように建物が密集した地域では，被害が大きくなるおそれがあります。なぜなら，地震のあとは断水したり，道がふさがれて消防車が通れなくなったりして，消火活動が難しくなるからです。地震のゆれそのものよりも，大きな被害をもたらすことさえあります。

> 阪神・淡路大震災では地震後に電気が復旧することで起こる，通電火災が発生したよ

災害2 ライフラインの寸断

電気・ガス・水道・通信（電話など）をはじめ，物や人を運ぶ道路や鉄道は，私たちの生活に欠かせないものです。これをライフラインといいます。地震によってさまざまな設備が壊れてしまうと，たとえ家は無事でも，ライフラインが使えなくなります。

兵庫県南部地震のとき，崩壊した阪神高速道路。なかでも3号神戸線は，橋の倒壊などの大きな損傷を受けたが，1年8か月後に全線復旧した。（兵庫県神戸市）

キーワード　通電火災：破損した電化製品や電気配線に電気が通り，発火することで起こる火災。停電になったらブレーカーを必ず落とすことが防火対策となる。

災害3 津波

2011年の東北地方太平洋沖地震では，地震の30分から1時間後に，観測史上最大級の大津波が押し寄せてきました。これは，地震によって海底地盤が隆起したためです。この津波によって，海岸近くの市街地や田畑が飲み込まれ，津波が引くときには，壊れた家屋や多くの人々が海に流されました。津波によって自動車のオイルなどが流れ出し，新たな火災も起こりました。

写真：宮古市／Rex Features／アフロ

東北地方太平洋沖地震のとき，津波は海面から10mの高さを誇る国内最大級ともいわれる防潮堤を越え，町を襲った。（岩手県宮古市）

地震の直接の被害がなくても遠くの地震がもとで津波だけがやって来ることもあるんだよ

写真：読売新聞／アフロ

東北地方太平洋沖地震のとき，津波が引いて2日たった市街地。破損した建物などのがれきが，町中に散乱していた。（岩手県大槌町）

＞原発の事故

東北地方太平洋沖地震では，福島第一原子力発電所で大事故が起こりました。地震の直後，発電所の原子炉は，地震のゆれによって電源が停止したものの，非常用の発電機は正常に働いていました。しかし，そのあと地震による巨大津波が押し寄せ，敷地や建物内が浸水。重要な設備がすべて使えなくなったことで，放射性物質が外部に放出されるという大きな事故に発展しました。

写真：TEPCO／Gamma／アフロ

爆発により煙を上げる，福島第一原子力発電所の原子炉。

知っておきたい防災知識

★ まずは避難することが最優先です。火事やけがをしている人を見つけたら、すぐに大人を呼びましょう。

火事から身を守るには？

! 火を消すタイミングは？

❶ 緊急地震速報が流れたとき
緊急地震速報が流れたときや、最初にゆれを感じたとき、それほど大きなゆれでない場合は、直ちに火を消す。

❷ 最初のゆれがおさまったとき
大きなゆれを感じたら、まずは火の近くから離れ、テーブルの下などにかくれる。ゆれがおさまったら火を消す。

❸ 出火したばかりで天井に移る前
もし炎が上がっても、天井まで届かないくらいの小さな炎なら、バケツの水や家庭の消火器で消す。

! 火が大きくなったら…

❹ 天井に移ったら避難
火が大きくなり、天井まで届いてしまったら、自分で消火するのはあきらめて避難する。家族など周囲にも知らせること。

❺ 口を覆って低い姿勢になる
煙を吸い込まないことが大事。ぬれたハンカチなどで口を覆い、姿勢を低くして壁に沿って逃げる。

❻ 119番をして火災を知らせる
大声で「火事だ！」と叫び、近所にも知らせる。119番に電話をかけて消防署に連絡する。

油についた火の消し方
消化器がないときは、水をかけず、ぬらしたタオルで火を覆う。

消火器の使い方　★場所を確認しておきましょう

①安全ピンを抜く
消火器を火災の起きている場所の近くの安全なところまで運び、安全ピンを抜く。

②ホースの先を持つ
ホースの先を持って、火のほうへ向ける。ホースの先を持つと、ねらいが定めやすい。

③火に向けて放出する
レバーをにぎりながら、手前からほうきではくように、火の根もとをねらって薬剤を放出する。

⚠ 火事にならないために、電気ストーブの近くには燃えやすいものを置かないこと。使わないときや、寝る前は電気のプラグを抜いておこう。

応急手当ての方法は？

! けがをしたら消毒を

医師などの専門家にみせる前にやっておく手当てを，応急手当てといいます。すり傷や切り傷を負ったときは，傷口を清潔に保つことが大切。まずは，傷口の汚れを水できれいに洗い流します。そして，出血があれば清潔なガーゼなどで傷口を押さえ，止血します。そのうえで傷口を消毒し，清潔なガーゼを当てて傷口を保護し，さらに包帯を巻きます。包帯がない場合は，清潔なハンカチやタオルなどで代用しましょう。

! やけどをしたら冷やす

水道が使える場合は15～20分，痛みが引くまで水を流しっぱなしにして冷やしましょう。断水時は，ペットボトルの水を洗面器に張るなどして代用します。服の下にやけどがある場合は，服の上から冷やします。やけどの面積が大きい場合は，冷やしたあとにタオルケットなど厚みのある布で全体をくるみ，早めに医師の診察を受けましょう。

! 倒れている人がいたら意識を確かめる

軽く肩に触れたり，耳もとで名前を呼んだり「もしもし」などと呼びかけたりして，反応があるかどうかを確かめます。ないようなら，呼吸がしやすいように体の向きを整えて，救助を待ちます。このとき，倒れている人の胸やおなかに動きが見られないようなら，呼吸が止まっているかもしれません。その場合は心肺蘇生が必要になるため，近くにいる大人を呼びましょう。

けがの応急手当て

□ 止血する

出血した部分を心臓より高い位置に持ち上げ，傷口に当て布をしてから，三角巾を強めに巻く。

□ 腕をつる

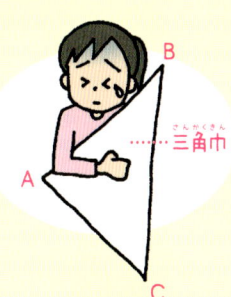

①三角巾を胸の前に
つろうとする腕のひじ側に，三角形のAを向け，反対側の肩に三角形の端Bをかける。

②上に折って腕を包む
もう一方の端Cを，つろうとする腕の肩に向かって折り曲げ，端Bと結ぶ。

③首の後ろで結ぶ
安定したら，Aの頂点を結んで止める。

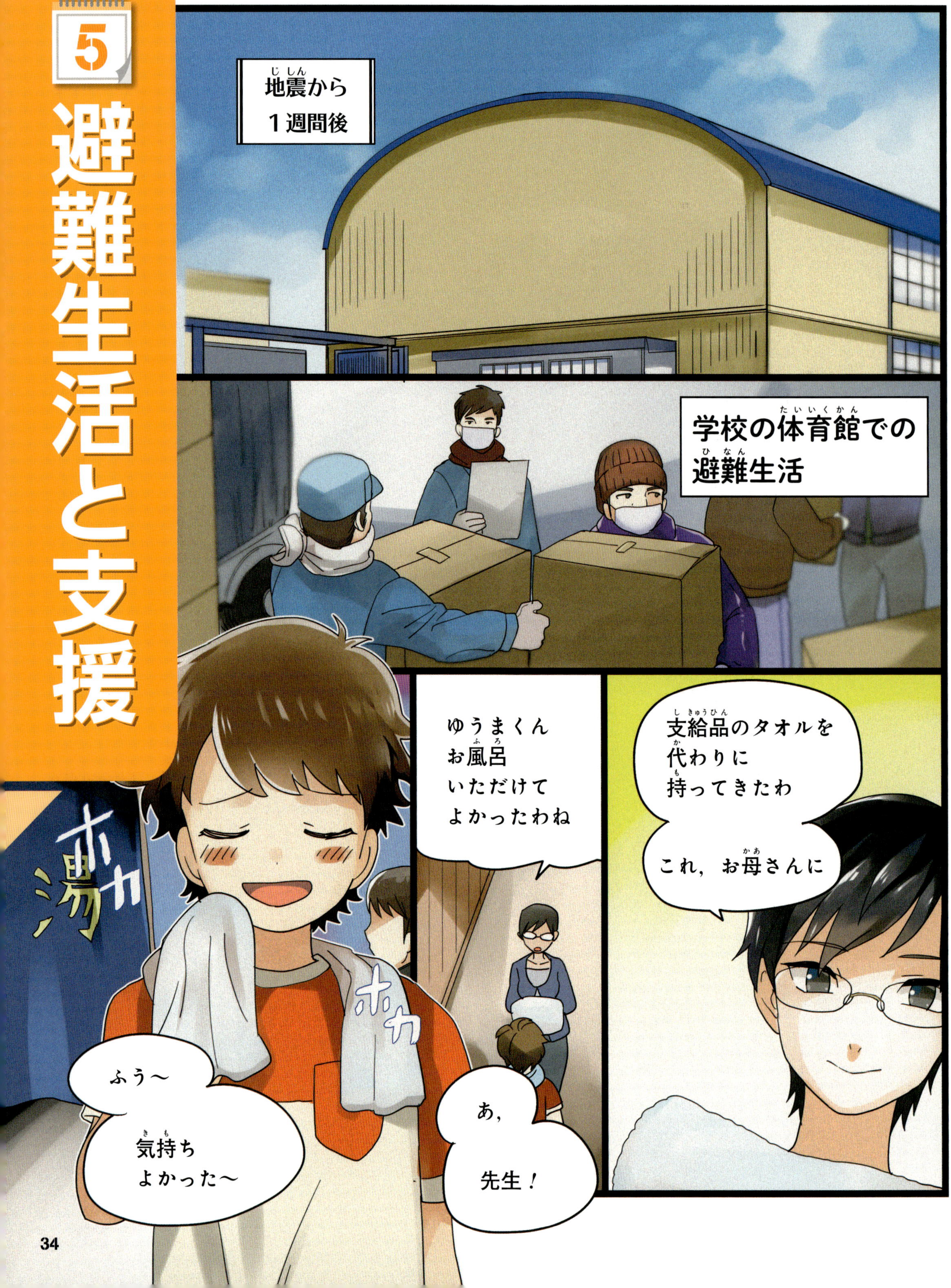

えーっと
うちの場所は…
あ
お母さん！
ヒラ
ヒラ
リ
お風呂
どうだった？
よかったよ
そう！
お母さんは
足，まだ
痛むの？
もうだいぶ
よくなったみたい
お母さんも
お風呂に入るの
楽しみだわ

避難所ってどんなところ？

避難所は，学校の体育館や公民館などが指定されています。地域・災害によってさまざまです。

水が止まった場合は仮設トイレを使用

断水すると，水が流せなくなるので，普段使っている水洗トイレは使えません。そのため，避難者の数に応じて仮設トイレが設置されます。ただし，自治体が設置できる数には限りがあるため，避難所によっては数がじゅうぶんでないこともあります。

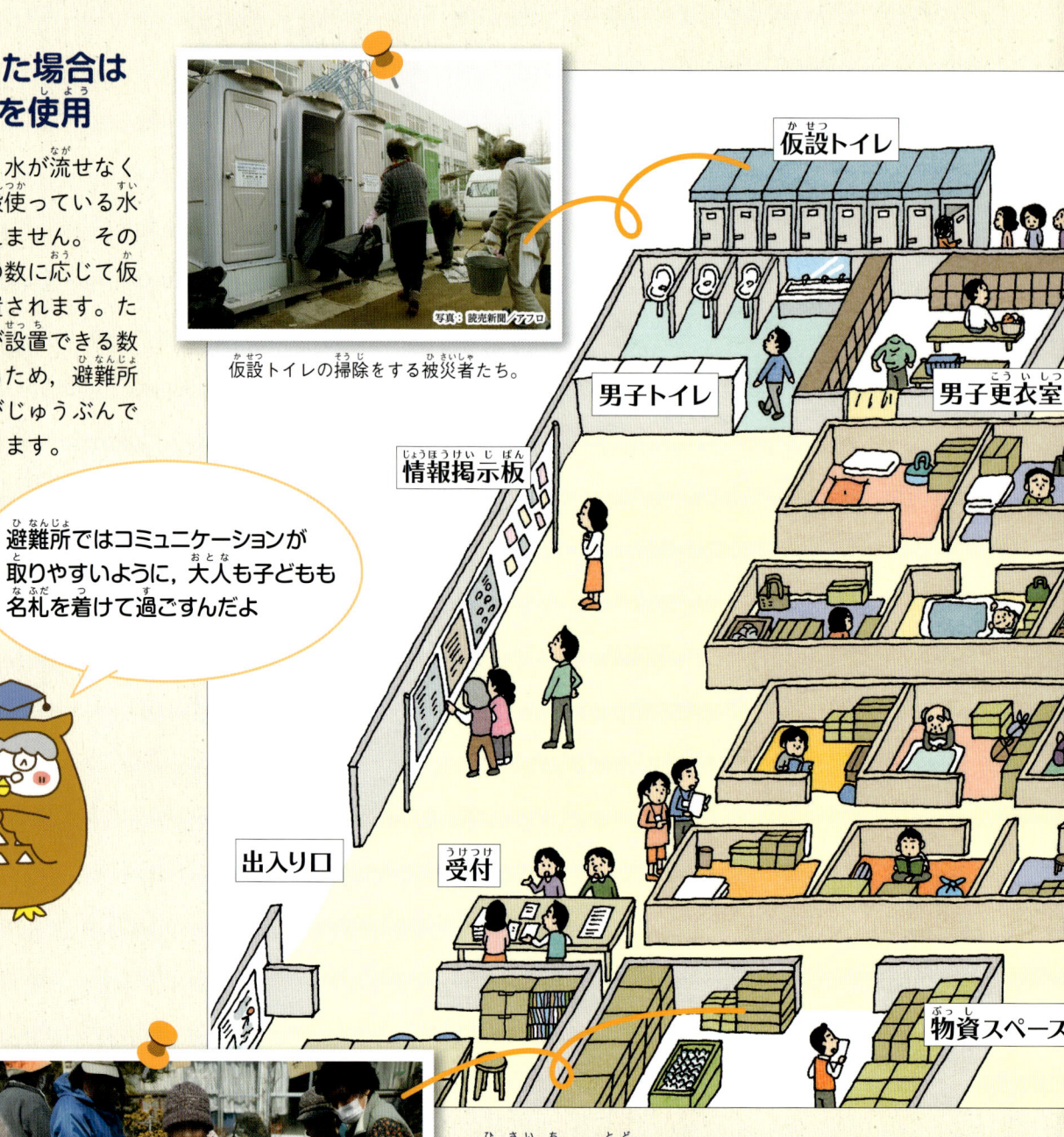

写真：読売新聞／アフロ
仮設トイレの掃除をする被災者たち。

避難所ではコミュニケーションが取りやすいように，大人も子どもも名札を着けて過ごすんだよ

仮設トイレ / 男子トイレ / 男子更衣室 / 情報掲示板 / 出入り口 / 受付 / 物資スペース

被災地に届いた支援物資が配られる

災害が起きたその日のうちに，自治体の備蓄食料や水が配られます。その後，各地からの支援物資が届きしだい，配給されます。支援物資には食料だけでなく，衣類や洗面用具などの生活必需品も含まれています。

写真：ロイター／アフロ
支援物資を受け取る人々。（宮城県気仙沼大島）

仮設風呂やシャワーが設置される

仮設の風呂は,自衛隊などにより設置されます。地区ごとに使う時間を決め,住民が交代で入浴することが多いようです。ただし,入れる人数には限りがあるため,毎日入れるとは限りません。そのため,汗をかく時期は,ぬらしたタオルで体をふくなどします。

公民館の倉庫を改装して設置された仮設風呂。(岩手県陸前高田市)

仮設風呂
女子更衣室
授乳スペース
女子トイレ
居住スペース

医師や看護師の巡回

地震から間もない時期は,医師や看護師,保健師などが避難所を回り,けが人の手当てを行います。医師らによる巡回はその後も続けられ,体調不良をうったえる避難者を診察しています。避難所内に救護所が設けられることもあります。

被災地で健康状態を聞いて回る医療関係者。(福島県郡山市)

プライバシー保護のため段ボールで仕切られる

ひとつの場所に大勢が集まって生活していると,周囲の目が気になります。そのため,家族ごとに段ボールで間仕切りをしています。仕切りの高さは90cmから130cmくらいが多いようです。

地震から1か月がたった避難所のようす。(宮城県気仙沼市)

6 復興へ

半年後

いってきまーす

気をつけるのよ〜

地震から1か月後、仮設住宅に住み始めた

学校まで遠いのでスクールバスでの通学だ

おはよ〜
ゆうま！

おはよ〜

なあ
聞いたか？

ん？

菊池先生
結婚するん
だって！

クラスのみんなで
お祝いしようぜ！

明るい朝は
毎日やってくる
ぼくたちの復活も
まだまだこれからだ！

マジで!?

そうだね！

復興に向かって

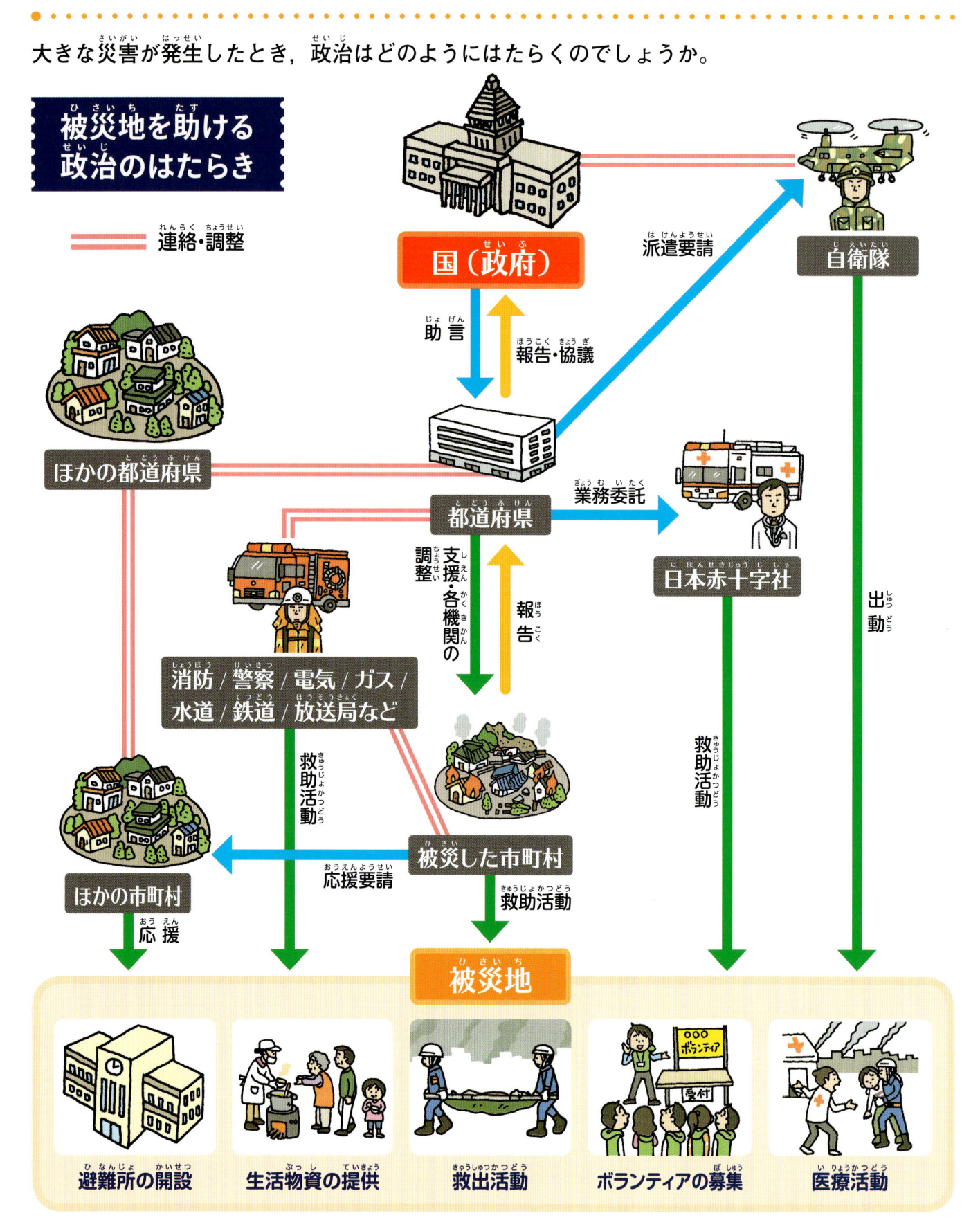

大きな災害が発生したとき、政治はどのようにはたらくのでしょうか。

被災地を助ける政治のはたらき

― 連絡・調整

- 国(政府)
- 自衛隊
- 都道府県
- ほかの都道府県
- 日本赤十字社
- 消防／警察／電気／ガス／水道／鉄道／放送局 など
- 被災した市町村
- ほかの市町村
- 被災地

矢印・関係:
- 国(政府) ⇄ 都道府県：助言／報告・協議
- 国(政府) → 自衛隊：派遣要請
- 都道府県 → 日本赤十字社：業務委託
- 都道府県 ⇄ 被災した市町村：支援・各機関の調整／報告
- 被災した市町村 → ほかの市町村：応援要請
- ほかの市町村 → 被災地：応援
- 消防/警察など → 被災地：救助活動
- 被災した市町村 → 被災地：救助活動
- 日本赤十字社 → 被災地：救助活動
- 自衛隊 → 被災地：出動

被災地での活動：
- 避難所の開設
- 生活物資の提供
- 救出活動
- ボランティアの募集
- 医療活動

サイドインデックス：
1 発生
2 一次災害
3 避難
4 二次災害
5 避難生活と支援
6 復興へ

キーワード 震災復興計画：2011年に起きた東日本大震災の復興に向けて、各県・市町村で策定する目標計画のこと。

国の支援

特別予算を立てる

災害が起きた場合，政府は被災した各市町村と協力し，復旧に向けてさまざまな支援を行います。そのひとつが，復興にかかる費用の支援です。2011年の東日本大震災（東北地方太平洋沖地震）では，国会の審議を経て5月2日に第一次補正予算が成立。このことによって，各市町村では仮設住宅の建設が始まりました。また，使えなくなっていた水道，ガス，電気が復旧したり，がれきの撤去も本格的に行われたりしました。その後も政府は第二次補正予算，第三次補正予算を成立させ，被災した人々の生活や，農業や漁業の支援などを継続して行いました。

新しい法律をつくる

東日本大震災は，これまでにないほど大きな被害があったことから，円滑に復興を進めるための法律が新たにつくられました。2011年6月24日に公布された，東日本大震災復興基本法です。この法律によって，復興に必要な費用の確保や，被害のあった地域でさまざまな取り組みが行われるようになりました。さらには，被災地の状況をしっかりと把握し，将来につながる計画的な支援を行っていくために，2012年に「復興庁」という新しい組織が設置されました。このように，国の政策は，復興に向けて大きな役割を担っています。

2011年11月29日，東日本大震災復興特別区域法案を可決した衆議院本会議のようす。

2012年2月10日，復興庁（⇒4巻38ページ）が発足し，復興庁宮城復興局気仙沼支所の看板をかける市長。（宮城県気仙沼市）

2011年の東日本大震災後の政府の動き

月日	主なできごと
3月11日	緊急災害対策本部の設置
5月2日	第一次補正予算の成立
6月20日	東日本大震災復興基本法の成立
7月25日	第二次補正予算の成立
11月21日	第三次補正予算の成立
11月30日	復興財源確保法の成立
12月7日	復興特区法の成立
	被災者軽減税制関連法の成立
12月9日	復興庁設置法の成立

もっと知りたい！ 被災地を守る災害救助法

災害救助法は，大きな被害をもたらす災害が起きた直後に，人々の生活を応急的に救助するための法律です。各都道府県は，この法律に基づいて自衛隊や日本赤十字社に救助を要請し，国は必要に応じて財政面での支援を行います。具体的には，避難所や仮設住宅の設置，食料の供給，生活必需品や医療などの支援が行われます。

- 自衛隊による支援 2巻 40ページ
- 他地域からの支援 3巻 40ページ
- ボランティアの支援 4巻 38ページ
- 市や町の支援 5巻 40ページ

キーワード 補正予算：年間の予算を決定したあと，何らかの理由で予算どおりに行えなくなったときに，変更して組まれる予算。

復興に向かう人々, まち

地震によって大きな被害を受けた地域の, 復興に向けた取り組みを紹介します。

気仙沼復興商店街 南町紫市場(宮城県気仙沼市)

被災した店主たちが仮設商店街をオープン

気仙沼市の南町地区は, 市内でもっとも歴史のある地域。震災前は160もの商店が並ぶ活気のあるまちでしたが, 津波によって多くの店舗が流されました。しかし, 地元での店舗再開を目指す店主たちが, 震災後間もない2011年4月に青空市を開催。5月に復興商店街の計画がスタートし, 12月に南町紫市場がオープンしました。

生活必需品や旬の食材を扱う店, 飲食店など, 幅広いジャンルの店が立ち並ぶほか, 子どもたちのための広場もつくられて, 連日にぎわいを見せています。また, 「南町紫市場」という名前は, 店主たちの避難所だった「紫神社」からとったそうです。

↑プレハブ施設で52店舗が営業中。震災前からのお客さんもたくさん訪れている。

女川魚市場(宮城県女川町)

新しい施設が完成しサンマの水揚げで活気づく

2015年6月22日, サンマの水揚げ漁港として有名な女川の魚市場に, 「東荷さばき場」が完成しました。荷さばき場とは, 魚の水揚げを行う施設のこと。東日本大震災で, 女川魚市場は施設が全壊し, 震災前から計画されていたこの荷さばき場も, 計画が中断していました。

完成した新しい施設は, サンマ漁の最盛期に対応できるほどの規模をほこり, 今後, 女川で水揚げする漁船が増えることが期待されています。9月1日には, 北海道根室市の「第二丸中丸」によって, 今シーズン初めてサンマが水揚げされ, 震災前の活気が少しずつ戻ってきました。

↑脂の乗ったサンマが水揚げされ, 活気があふれる魚市場。

JR釜石線蒸気機関車「SL銀河」(岩手県釜石市)

人気のレトロ列車が観光面から復興を支援

　岩手県の花巻駅と釜石駅を結ぶJR釜石線では，2014年から蒸気機関車「SL銀河」の運行が始まりました。蒸気機関車は約40年前に引退しましたが，被災地の観光を盛り上げるために臨時列車として運行を計画。岩手県内の公園に展示されていた車両が復元され，見事に復活を遂げました。

　4月から12月の土日を中心に，初年度はおよそ1万2,400人が利用する人気列車となりました。2年目の2015年は4月25日に運行を開始。初日には釜石駅で郷土芸能が披露されたり，三陸の特産「めかぶ汁」が振る舞われたりするなど，まちは多くの観光客でにぎわいました。

↑汽笛を鳴らして走る姿が観光客を喜ばせている。

長岡まつり大花火大会(新潟県長岡市)

中越地震からの復興を祈る2万発の打ち上げ花火

　2004年に起きた新潟県中越地震は，長岡市を中心とする中越地方に大きな被害をもたらしました。毎年行われる，長岡まつり大花火大会は，信濃川河川敷で，合計2万発もの花火が打ち上げられ，現在は日本の三大花火大会として知られています。震災からの復興を願って始まったのが，「復興祈願花火フェニックス」という，幅2kmにおよぶ壮大な打ち上げ花火です。何度もよみがえる"不死鳥"が，花火の光跡によって夜空に描き出され，人々に感動を与えています。

↑力強く美しい花火は，復興と平和のシンボルとして親しまれている。

→復興を願い，長岡市内を江戸のみこしが練り歩く。

復興には課題も残る

　東日本大震災で大きな被害を受けた岩手県や宮城県では，道路や鉄道などの復旧がおおむね進んでいる一方，人々の生活の再建はなかなか進んでいません。県や市町村は，災害公営住宅（復興住宅）の建設を進めていますが，用地確保の問題などから建設が遅れており，いまだに多くの人が仮設住宅で暮らしています。

東北地方太平洋沖地震から2年後の仮設住宅のようす。(福島県南相馬市)

日本で起こった主な地震

発生年	月	日	名称	被災地域(震央)	マグニチュード
1914	1	12	桜島地震	九州地方(鹿児島県中部)	7.1
1914	3	15	仙北地震	東北地方(秋田県南部)	7.1
1915	3	18		北海道(十勝沖)	7.0
1918	9	8		北海道(ウルップ島沖)	8.0
1921	12	8	龍ケ崎地震	関東地方(茨城県南部)	7.0
1923	9	1	関東地震(関東大震災)	関東〜東海地方(神奈川県西部)	7.9
1924	1	15	丹沢地震	関東地方(神奈川県西部)	7.3
1927	3	7	北丹後地震	近畿〜四国地方(京都府北部)	7.3
1930	11	26	北伊豆地震	東海地方(静岡県伊豆地方)	7.3
1931	11	2		四国〜九州地方(日向灘)	7.1
1933	3	3	三陸沖地震	三陸沿岸(三陸沖)	8.1
1936	11	3	宮城県沖地震	東北地方(宮城県沖)	7.4
1938	5	23		関東地方(茨城県沖)	7.0
1938	6	10		沖縄(東シナ海)	7.2
1938	11	5	福島県沖地震	東北地方(福島県沖)	7.5 / 7.3 / 7.4
1940	8	2	積丹半島沖地震	北海道(北海道北西沖)	7.5
1941	11	19		四国〜九州地方(日向灘)	7.2
1943	9	10	鳥取地震	中国地方(鳥取県東部)	7.2
1944	12	7	東南海地震	関東〜四国地方(紀伊半島沖)	7.9
1945	2	10		北海道〜東北地方(青森県東方沖)	7.1
1946	12	21	南海地震	中部〜九州地方(紀伊半島沖)	8.0
1947	9	27		与那国島付近(与那国島近海)	7.4
1948	6	28	福井地震	北陸地方(福井県嶺北地方)	7.1
1952	3	4	十勝沖地震	北海道〜東北地方(釧路沖)	8.2
1953	11	26	房総沖地震	関東〜東海地方(房総半島南東沖)	7.4
1958	11	7		北海道(択捉島付近)	8.1
1961	2	27		四国〜九州地方(日向灘)	7.0
1961	8	12		北海道〜東北地方(釧路沖)	7.2
1961	8	19	北美濃地震	北陸地方(石川県加賀地方)	7.0
1962	4	23		北海道(十勝沖)	7.1
1963	10	13		北海道(択捉島付近)	8.1
1964	6	16	新潟地震	東北〜北陸地方(新潟県沖)	7.5
1968	4	1	1968年日向灘地震	四国〜九州地方(日向灘)	7.5
1968	5	16	十勝沖地震	北海道〜東北地方(青森県東方沖)	7.9
1972	12	4	八丈島東方沖地震	八丈島付近(八丈島東方沖)	7.2
1973	6	17	根室半島沖地震	北海道(根室半島南東沖)	7.4
1978	1	14	伊豆大島近海地震	東海地方(伊豆大島近海)	7.0
1978	6	12	宮城県沖地震	東北地方(宮城県沖)	7.4
1982	3	21	浦河沖地震	北海道(浦河沖)	7.1
1983	5	26	日本海中部地震	北海道〜北陸地方(秋田県沖)	7.7
1993	1	15	釧路沖地震	北海道(釧路沖)	7.5
1993	7	12	北海道南西沖地震	北海道(北海道南西沖)	7.8
1994	10	4	北海道東方沖地震	北海道(北海道東方沖)	8.2
1994	12	28	三陸はるか沖地震	東北地方(三陸沖)	7.6
1995	1	17	兵庫県南部地震(阪神・淡路大震災)	近畿地方(淡路島付近)	7.3
2000	10	6	鳥取県西部地震	中国地方(鳥取県西部)	7.3
2003	5	26		東北地方(宮城県沖)	7.1
2003	9	26	十勝沖地震	北海道(釧路沖)	8.0
2004	10	23	新潟県中越地震	北陸地方(新潟県中越地方)	6.8
2005	3	20		九州地方(福岡県西方沖)	
2005	8	16		東北地方(宮城県沖)	7.2
2007	3	25	能登半島地震	北陸地方(能登半島沖)	6.9
2007	7	16	新潟県中越沖地震	北陸地方(新潟県上中越沖)	6.8
2008	6	14	岩手・宮城内陸地震	東北地方(岩手県内陸南部)	7.2
2008	7	24		東北地方(岩手県沿岸北部)	6.8
2011	3	11	東北地方太平洋沖地震(東日本大震災)	北海道〜関東地方(三陸沖)	9.0
2011	4	7		東北地方(宮城県沖)	7.2
2011	4	11		東北地方(福島県浜通り)	7.0
2012	12	7		東北地方(三陸沖)	7.3

※大正時代(1912年〜)以降2000年まではM7.0以上の地震。それ以降はM6.8以上の地震。平成28年版「理科年表」より作成

最新地震対策レポート

GPSで観測する 東海地震予測

地震は予知できる?

地震予知とは、地震が発生する時期・場所・規模（マグニチュード）を、科学的な根拠に基づいて予測することです。なかでも、地震が発生する数日前から直前の予知は、直前予知とよばれます。予知を防災に活用するには、最初に挙げた3つの要素をできるだけ正確に予測することが必要です。しかし現在の技術では、「1年以内にこの辺りで」という大まかな予測は可能ですが、時期や場所を特定できるまでにはいたっていません。

東海地震の予知

地震は正確な予測が難しいのですが、東海地震は発生場所と規模が特定されており、いつ起きてもおかしくないことがわかっています。現在の日本で唯一、直前予知の可能性がある地震と考えられ、地震の前に起こる「前兆すべり」を見逃さないように、24時間体制で観測が続けられています。ただし、前兆がとらえきれない可能性もあり、必ずしも予知できるとは限りません。また、日時の特定は難しく、「数日中に起こるおそれがある」という範囲です。

前兆すべりとは

東海地震は大陸プレートとフィリピン海プレートの境界で起こります。境界は通常、かたくくっついていますが、フィリピン海プレートが沈み込み、大陸プレートが引きずり込まれることで、ひずみが生じます。このひずみが大きくなると、くっついていた部分の一部がゆっくりはがれる「前兆すべり」が起こります。引きずり込まれた部分が大きくはね上がると、地震が発生します。

そのため、前兆すべりをとらえることが、直前予知につながります。

前兆すべり

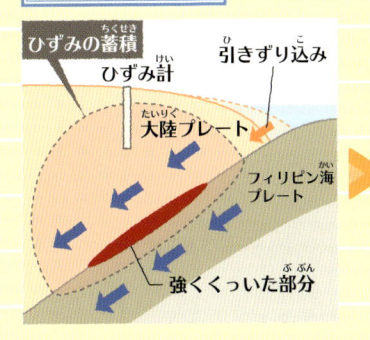

↑大陸プレートがフィリピン海プレートに引きずり込まれ、地下にひずみがたまる。

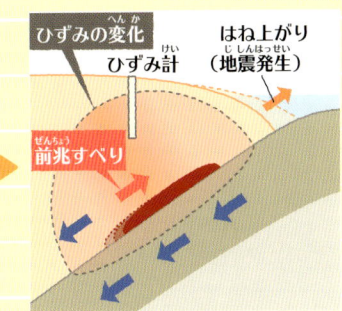

↑ひずみがたまっている領域の一部分がゆっくりすべり始め、やがてはね上がる（地震発生）。

GPS観測（地殻変動の観測網）

東海地震の予知では、ひずみ計をはじめとする観測機器を広範囲にわたって設置し、前兆すべりをとらえるGPS観測網を整備しています。観測したデータは専用回線によって常時、気象庁に送られ、24時間体制で監視が続けられています。

GPS衛星による連続観測から得られたデータによって、地殻変動を常時監視するための電子基準点。（石川県内灘町）

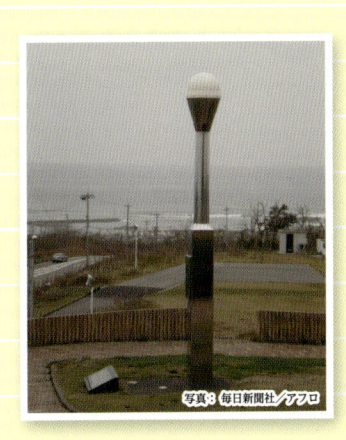

写真：毎日新聞社／アフロ

いのちと未来を守る防災

全巻さくいん

巻の対応 → 2 …2巻　4 …4巻　1 …1巻　3 …3巻　5 …5巻

?から調べる

1巻

- ◎ 地震はどうして起こるの？ …… 10
- ◎ マグニチュードと震度はどう違うの？ …… 13
- ◎ 緊急地震速報って何？ …… 14
- ◎ 地震が起きたら，どうすればいいの？ …… 16
- ◎ 地震が起きたら，どんな被害が発生するの？ …… 20 30
- ◎ 市や県では，どのような防災活動をしているの？ …… 26
- ◎ 地震に備えて，私たちに何ができるの？ …… 24 32
- ◎ 冬の避難所の生活って，どんなふう？（体育館）… 36

2巻

- ◎ 津波はどうして起こるの？ …… 10
- ◎ 津波はどのくらい速いの？ …… 12
- ◎ 津波警報って何？ …… 14
- ◎ 津波が起きたら，どうすればいいの？ …… 16
- ◎ 津波が起きたら，どんな被害が発生するの？ …… 20 32
- ◎ 市や県では，どのような防災活動をしているの？ …… 25 26
- ◎ 津波に備えて，私たちに何ができるの？ …… 24 28
- ◎ 避難所の生活って，どんなふう？（校舎）…… 36

3巻

- ◎ 噴火はどうして起こるの？ …… 10
- ◎ 噴火警報って何？ …… 16
- ◎ 噴火が起きたら，どうすればいいの？ …… 19
- ◎ 噴火が起きたら，どんな被害が発生するの？ …… 26 30
- ◎ 市や県では，どのような防災活動をしているの？ …… 22
- ◎ 噴火に備えて，私たちに何ができるの？ …… 20 32
- ◎ 夏の避難所の生活って，どんなふう？（体育館）… 36

4巻

- ◎ 台風はどうして起こるの？ …… 10
- ◎ 竜巻はどうして起こるの？ …… 44
- ◎ 豪雨はどうして起こるの？ …… 12
- ◎ 大雨特別警報って何？ …… 14
- ◎ 台風・豪雨になったら，どうすればいいの？ …… 16 18
- ◎ 台風・豪雨では，どんな被害が発生するの？ …… 22 34
- ◎ 市や県では，どのような防災活動をしているの？ …… 28 30
- ◎ 台風・豪雨に備えて，私たちに何ができるの？ …… 26
- ◎ 竜巻注意情報って何？ …… 46
- ◎ 竜巻が起きたら，どうすればいいの？ …… 47
- ◎ 竜巻や突風では，どんな被害が発生するの？ …… 50 52

5巻

- ◎ 雪はどうして降るの？ …… 11
- ◎ 大雪特別警報って何？ …… 12
- ◎ 雪が降ったら，どうすればいいの？ …… 14 16
- ◎ 豪雪では，どんな被害が発生するの？ …… 20 32
- ◎ 市や県では，どのような防災活動をしているの？ …… 26 28
- ◎ 豪雪に備えて，私たちに何ができるの？ …… 24
- ◎ 避難所の1日って？ …… 36

46

用語から調べる

あ 悪臭 … 32
い 伊豆大島 … 7 26 44
　　一時避難用シェルター … 22
　　岩手・宮城内陸地震 … 7 44
う 有珠山 … 7 26 44
　　雲仙岳 … 7 21 26 43 44
え 液状化 … 21
　　NTT災害用伝言ダイヤル … 24 24 20 26 24
　　塩害 … 32
お 応急手当て … 33
　　大涌谷 … 27
　　押し波・引き波 … 10
　　御嶽山 … 6 42 44
か 海上火災 … 33
　　海底火山 … 11
　　海抜表示看板 … 26
　　家屋の倒壊 … 51 21
　　がけ崩れ … 31 35
　　火災 … 30
　　火砕流・熱風 … 26 45
　　火山 … 10 16
　　火山ガス … 27
　　火山監視・情報センター … 23
　　火山観測施設 … 23
　　火山泥流 … 31
　　火山灰 … 27 31 32 45
　　火事 … 32
　　ガストフロント … 52
　　仮設トイレ … 36
　　仮設風呂 … 37
　　河川の増水 … 18 23
　　活火山 … 12 23
　　活断層 … 11
　　雷 … 18
　　がれき問題 … 33
　　関東地震（関東大震災）… 7 44
き 気象情報 … 14 46
　　気象庁 … 14 14 12 16 23 14 46 12
　　季節風 … 13 11
　　給水支援 … 36
　　強風 … 22
　　強風域 … 11 15
　　局地的大雨 … 12
　　霧島山 … 7 27 31 32 44
　　緊急災害対策本部 … 41
　　緊急地震速報 … 14 32
く 空振 … 27
　　車や列車の転覆 … 51
け 警報 … 14 16 18 14 12
　　検潮所 … 12
　　原発 … 31
こ 洪水 … 34 33
　　降水量 … 13
　　降雪情報 … 13
　　豪雪地帯 … 10
　　降雪予測システム … 27

　　交通障害 … 51 21
　　降灰 … 20 32
　　降灰予報 … 33
さ 災害救助法 … 41
　　最大風速 … 11
　　桜島 … 6 21 27 31 32 44
　　産業被害 … 33
　　山体崩壊 … 30
し 自衛隊 … 41
　　支援物資 … 36 37
　　自主防災組織 … 27
　　地震 … 1巻, 10
　　地すべり … 21 31 35
　　自治体 … 41 41 38 41
　　集中豪雨 … 12
　　集落孤立 … 32
　　消火器 … 25 26 32
　　上昇気流 … 44
　　除雪 … 28 33 43
　　除雪情報 … 13
　　シラス … 45
　　地割れ … 20
　　震源 … 12 14
　　震源・震度に関する情報 … 15
　　浸水 … 20 17 28
　　震度 … 6 13
　　震度速報 … 15
す 砂箱 … 27
　　積雪計 … 10
　　積乱雲 … 10 12 44
　　前線 … 11
　　船舶の損傷，破壊 … 21
た 台風に備える家 … 27
　　台風の進む経路 … 10
　　ダウンバースト … 53
　　高潮 … 23
　　高波 … 12
　　炊き出し … 36 36
　　竜巻情報 … 46
　　竜巻発生確度ナウキャスト … 46
　　建物の倒壊・崩壊 … 20 21
　　断層 … 11
ち 地域防災計画 … 25 26 25 28 26
　　地殻変動 … 10
　　地下資源 … 13
　　地下浸水 … 23
　　治水 … 29
　　地熱発電 … 13
　　注意報 … 14 14 46 12
　　チリ地震 … 7 11 44
つ 津波 … 2巻, 31 31
　　津波観測システム … 15
　　津波てんでんこ … 16
　　津波避難ビル・避難タワー … 26 45
　　津波表示板 … 26
　　津波防災ステーション … 27
て 停電 … 22 51 20
　　転倒事故 … 21
と 東海地震 … 45
　　東北地方太平洋沖地震（東日本大震災）
　　… 6 21 31 41 43 44 6 12 16 20 32 41 43 44

　　十勝沖地震 … 6 44 7 44
　　都市水害 … 29
　　土砂移動 … 21
　　土砂災害 … 30 33
　　土砂災害危険箇所 … 30
　　土砂災害警戒区域 … 18
　　土石流 … 31 35 33
　　突風 … 52
　　ドップラーレーダー … 53
な なだれ … 17 20 29
に 新潟県中越沖地震 … 6 20 44
　　日本海側と太平洋側の雪 … 11
　　日本海中部地震 … 7 44
ね 熱帯低気圧 … 10
の 能登半島地震 … 7 44
は ハザードマップ … 26 25 22 28 26
ひ P波・S波 … 12 14
　　東日本大震災復興基本法 … 41
　　避難訓練 … 25 26 25 26 12
　　避難所 … 36 36 36 26 36 41
　　避難道路 … 26
　　避難場所 … 24 27 24 26 28 20 26 24
　　兵庫県南部地震（阪神大震災）… 7 20 30 44
　　標識 … 26 28 27
　　漂流物衝突 … 20
　　避雷針 … 19
　　飛来物の衝突 … 50
ふ 福祉避難所 … 37
　　藤田スケール … 41 45
　　復興庁 … 41
　　吹雪 … 17 29
　　プレート … 10 10 12
　　噴火警戒レベル … 16 18
　　噴火予報 … 16
　　噴石 … 26
ほ 防災教育 … 28 21
　　暴風域 … 15
　　北陸新幹線 … 28
　　北海道東方沖地震 … 7 44 44
　　北海道南西沖地震 … 7 13 21 44
　　ボランティア … 41 38 41
ま マグニチュード … 6 13 11
　　マグマ … 10
　　三宅島 … 7 30 41 44
ゆ 雪かき指数 … 13
　　雪国 … 25 27
　　雪どけ … 33
　　雪道 … 15
　　雪山 … 17
よ 溶岩流 … 26 30
ら ライフラインの寸断 … 30 22
　　落雪 … 32
り 流出 … 20
　　流雪溝 … 27
　　臨時避難所 … 37
ろ ロードヒーティング … 27

デザイン	星 光信（Xing Design）
表紙写真	表1：東日本大震災の大津波による被害（AP/アフロ）
	表4：岩手県の三陸鉄道（アフロ）
表紙イラスト	無糖党
まんが	無糖党
本文イラスト	たむらかずみ, 高村あゆみ
図版	有限会社 ケイデザイン
原稿執筆	伊藤 睦
DTP	有限会社 新榮企画
校正協力	栗田勝実（東京都立産業技術高等専門学校 教授）
編集協力	株式会社 スリーシーズン（藤門杏子, 若月友里奈, 木村 泉）
取材協力	宮城県, 大田区立洗足池小学校
写真協力	株式会社 アフロ, 株式会社 センチュリー, NHK, 宮城県仙台市, 静岡県, 気仙沼復興商店街事務局, 女川町, 岩手県
参考文献	『東日本大震災に学ぶ 日本の防災』（学研）, 『地震・津波・火山噴火（知ろう！防ごう！自然災害1）』（岩波書店）, 『親子で学ぶ 自然災害から子どもの生命を守る本』（メディアイランド）

〈監修〉鎌田和宏（帝京大学 教授）　NDC369

地震
（いのちと未来を守る防災 全5巻①）

学研プラス　2016　48P　29cm
ISBN978-4-05-501190-7　C8330

いのちと未来を守る防災　地震❶

2016年2月16日　初版発行
2021年2月26日　第5刷

監　修	鎌田和宏
発行人	代田雪絵
編集人	松田こずえ
編集担当	志村俊幸, 小野優美
発行所	株式会社 学研プラス
	〒141-8415　東京都品川区西五反田2-11-8
印刷所	株式会社 廣済堂　トッパンコンテナー株式会社

●この本に関する各種お問い合わせ先
本の内容については, 下記サイトのお問い合わせフォームよりお願いします。
https://gakken-plus.co.jp/contact/
在庫については　Tel 03-6431-1197（販売部直通）
不良品（落丁, 乱丁）については　Tel 0570-000577
　学研業務センター　〒354-0045 埼玉県入間郡三芳町上富279-1
上記以外のお問い合わせは Tel 0570-056-710（学研グループ総合案内）

©Gakken
この本の無断転載, 複製, 複写（コピー）, 翻訳を禁じます。
本書を代行業者等の第三者に依頼してスキャンやデジタル化することは, たとえ個人や家庭内の利用であっても, 著作権法上, 認められておりません。
複写（コピー）をご希望の場合は, 下記までご連絡ください。
■ 日本複製権センター→ http://www.jrrc.or.jp
■ E-mail → jrrc_info@jrrc.or.jp　☎03-3401-2382
■ Ⓡ〈日本複製権センター委託出版物〉

いのちと未来を守る防災

Earthquakes
Tsunami
Volcanic Eruptions
Typhoons,
Tornados, Torrential Rain
Heavy Snow

〈監修〉鎌田和宏（帝京大学 教授）

- ❶ 地震
- ❷ 津波
- ❸ 噴火
- ❹ 台風 竜巻・豪雨
- ❺ 豪雪

［全5巻］